Mein extrastarkes Lernabenteuer

Spannende Schreibspiele für die 1. Klasse

W0300013

Arena

Liebe Eltern,

Lesen und Schreiben zu lernen, ist eine anspruchsvolle Aufgabe. Dazu gehört, dass man Buchstaben erlernt und einzelne Laute zu Wörtern, Sätzen und ganzen Geschichten kombinieren kann. Aber das ist längst nicht alles.

Lesen und Schreiben ist Verstehen. Kinder müssen also Wörter nicht nur erlesen, sondern auch ihren Sinn verstehen. Das klappt am besten, wenn sie sich für den Inhalt des Geschriebenen interessieren und sich selbst mit ihren Gefühlen und Erlebnissen einbringen können.

Lesen und Schreiben bedeutet auch Sprechen und Erzählen. Deswegen lernen Kinder, die viel Gelegenheit zum Sprechen haben, schneller lesen und schreiben.

In diesem Buch *Mein Lese- und Schreibtrainer* können sich die Kinder in für sie wichtige und fantasievolle Themen vertiefen. Die Aufgaben sind so gestellt, dass sie dem Lernvermögen der Kinder genau entsprechen. So gewinnen die Kinder Lese- und Schreibspaß von Anfang an – hoffentlich ein Leben lang.

Prof. Dr. Peter Conrady
Hochschullehrer an der Technischen Universität Dortmund
und Erfinder des Leselern-Stufenkonzepts

Mut tut gut
Im Gespensterschloss

Hallo!

Mit diesem Buch
lernst du noch besser lesen.
Die kleinen Bilder auf jeder Seite
sagen dir, was du tun sollst:

 schreiben

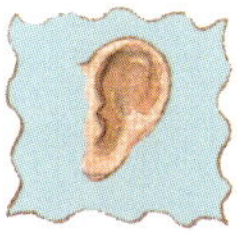 genau hinhören

 malen

 laut sprechen

 basteln

 selber lesen

 genau hinsehen

 vorlesen lassen

Als Gespenst verkleiden

Wie viele sind es? Zähle und schreibe auf.

Lustig oder gruselig?

Dieses Gespenst ist

__________________.

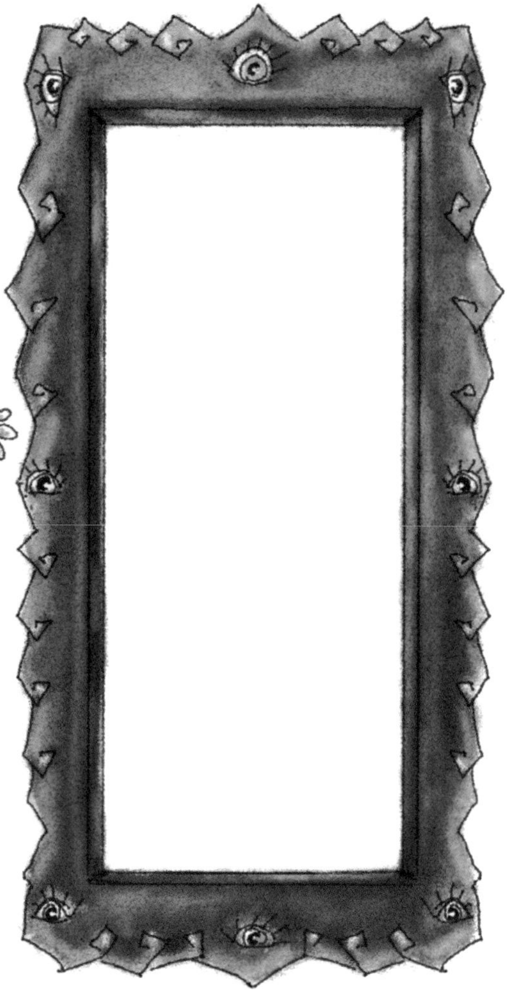

Dieses Gespenst ist

__________________.

Male zwei Gespenster.

Schreibe auf.

Gibt es Gespenster wirklich?

Schreibe und male.

Überall Gespenster

Findest du die Gespenster?

Kreise ein.

Wo geistern die Gespenster?

im Schloss

am Himmel

hint er ar dem Turm

af dem Baum

am Himmel

auf dem Baum

im Schloss

hinter dem Turm

Schau genau.

Schreibe auf.

  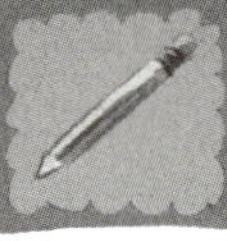

Gespenster machen Geräusche

flüstern

leise

kreischen

laut

wimmern

leise

summen

leise

rufen

laut

schreien

laut

heulen

laut

jammern

jammern

Lies die Wörter. Mache die Geräusche nach.

Was klingt **laut**? Was klingt **leise**?

Ich mache Geräusche

heulen

weinen

schreien

flüstern

jammern

wimmern

sprechen

rufen

kreischen

summen

klappern

flattern

lachen

singen

brummen

Ich lache, Ich flüstere,
Ich spreche, Ich weine,
Ich rufe, Ich singe,

Schreibe deine Geräusche auf.

Gespenster machen Quatsch

QU Das Gespenst vertauscht das Salz.

T Das Gespenst vertauscht das Malz.

SCH Das Gespenst malt Hunde an.

A Das Gespenst malt Hände an.

QU Das Gespenst bläst Karten aus.

T Das Gespenst bläst Kerzen aus.

A Das Gespenst dreht an der Schnur.

SCH Das Gespenst dreht an der Uhr.

Lösungswort: QUATSCH

Was stimmt? Male an.

Ich mache auch gerne Quatsch

Ich mache gerne Quatsch.

☒ ja ☐ nein ☐ alleine ☒ mit Freunden

reimen, toben

Kreuze an.

Male und schreibe dazu.

Was mag ein Gespenst?

Verbinde die Wörter mit den Bildern.

Was mag ein Gespenst? Erzähle.

Was mag ich?

Das mag ich:

Ich mag Autos Ich mag tiere

Ich mag Vunterwssertiere

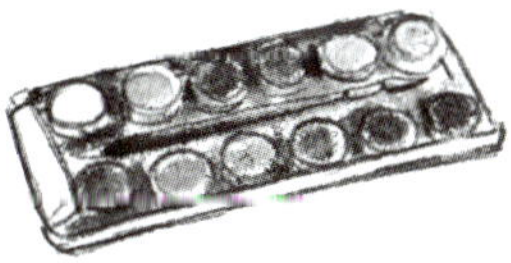

Das mag ich nicht so gerne:

Ich mag Keine SPinne

Ich mag Keinne Schlanen

Ich mag Kein Kran

Schreibe auf.

Ein Bilddiktat

Die Augen sind Blätter.
Die Nase ist ein Tannenzapfen.
Der Mund ist ein Zweig.
Auf dem Kopf wächst Gras.

Wer ist es?

☐ Es ist ein Schlossgespenst.
☒ Es ist ein Waldgeist.

Lies genau. Kreuze an.
Male dazu, was fehlt.

Freunde finden

In der Flasche lebt der

In der Schule lebt das

Im Haus lebt der

Im Schloss lebt das

Gespenster oder Geister?

Wo findet der Waldgeist welchen Freund?

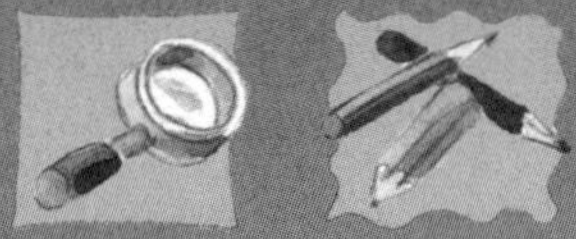

Gespensterschatten

Verbinde.

Buchstaben-Schattenspiele

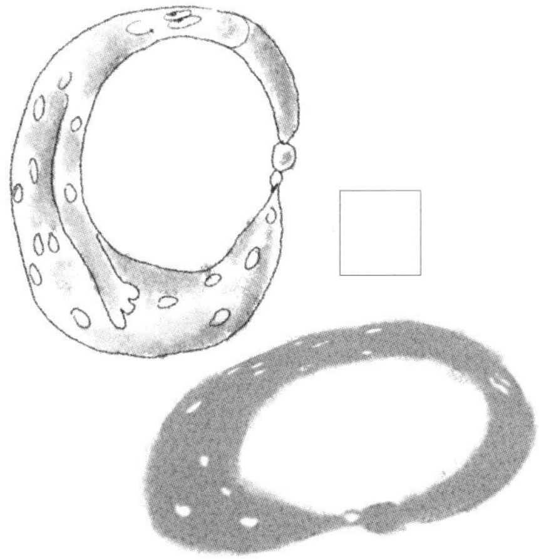

Welche Buchstabenschatten entstehen?
Male sie dazu. Schreibe die Buchstaben
in die Kästchen.

Wer hat Angst vor wem?

Welche Buchstaben fehlen im ABC-Gedicht?

Ergänze.

Welches Wort kannst du am Ende hinzufügen?

Manchmal habe ich auch Angst

Ich habe Angst, wenn

Schreibe auf.

Gespenster-ABC

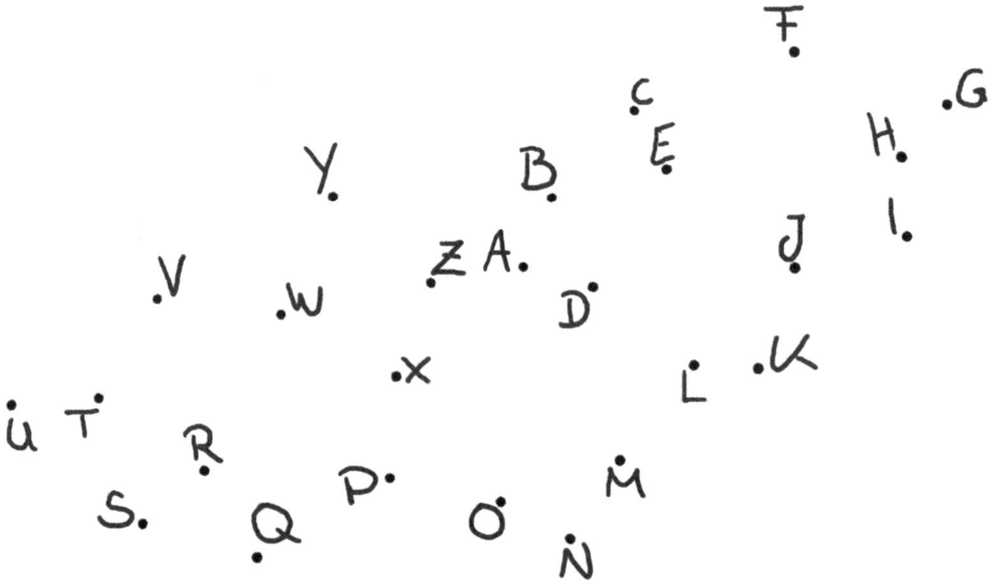

Wie sieht das Gespenst aus?
Wie eine Fledermaus?
Wie ein Flaschengeist?
Wie eine Vogelscheuche?

Das Gespenst sieht aus wie ______________________.

Verbinde die Buchstaben nach dem Alphabet.

Wo wohnt das Gespenst?

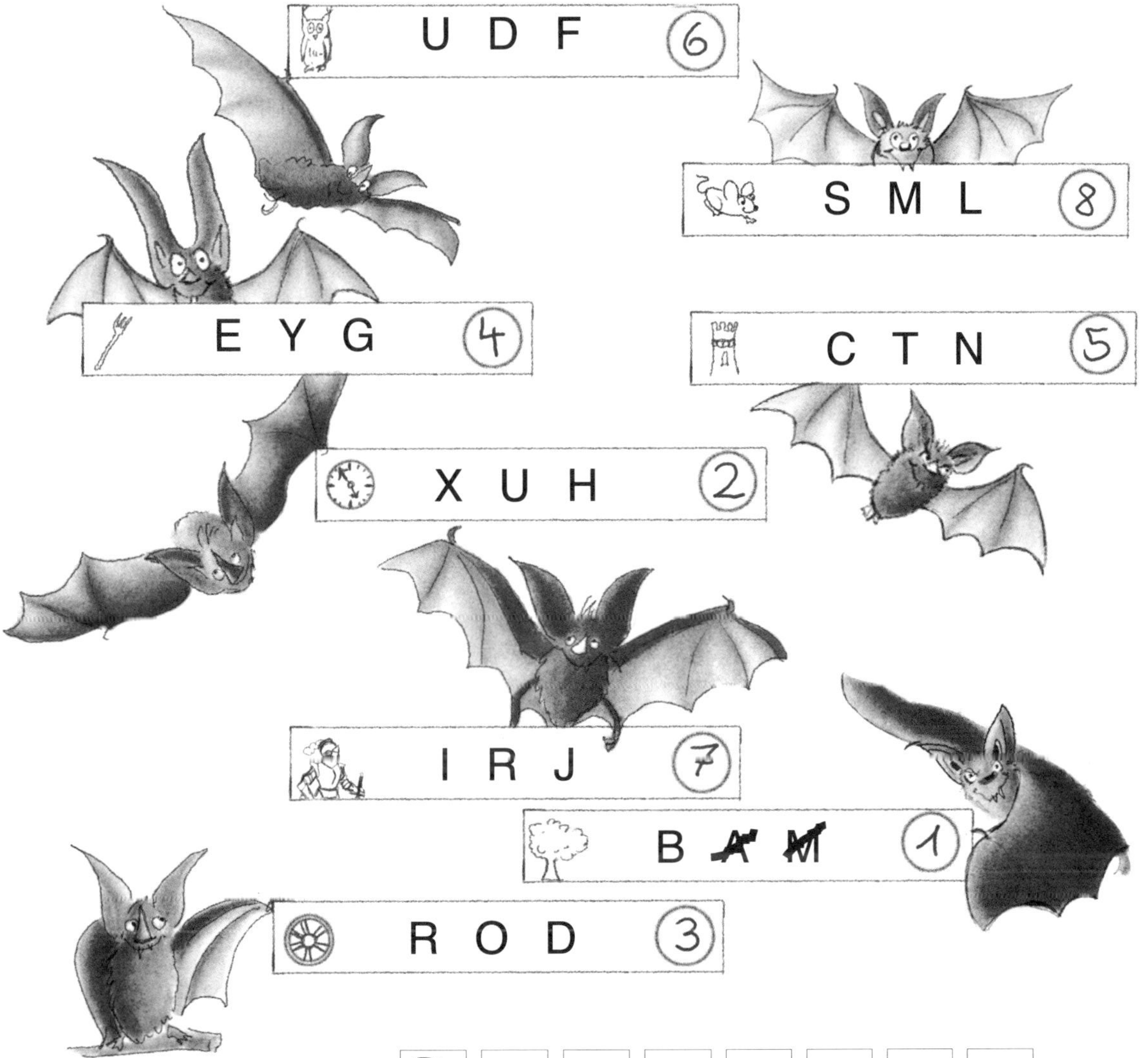

Lösungswort: B _ _ _ _ _ _ _

1 2 3 4 5 6 7 8

Trage die Buchstaben ein.

Die richtigen Anfangsbuchstaben helfen dir.

Ein Gespenst basteln

Ich brauche Watte  für den Kopf.
Ich brauche Stoff 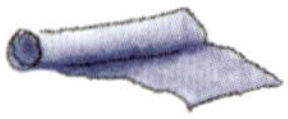 für den Körper.
Ich brauche Faden  für die Arme und
für den Kopf.
Ich brauche einen Stift  für das Gesicht.
Ich brauche Wolle 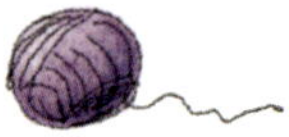 für die Haare.
Ich brauche eine Nadel  und
einen Klebstift .
Ich brauche einen kleinen Stock 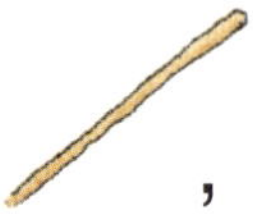,
um mit dem Gespenst zu spielen.

Lies genau. Schreibe auf, was du brauchst.

Schritt für Schritt

☐ Ich knote den Stoff rechts und links. Das sind die Arme. Ich binde Fäden an die Arme.

☐ Ich binde die Kugel mit einem Faden ab. Das ist der Kopf. Ich ziehe einen Faden oben durch den Kopf.

☐ Ich lege den Stoff über eine Kugel aus Watte.

☐ Ich binde die Fäden an einen kleinen Stock.

☐ Ich male das Gesicht. Ich klebe Wolle an den Kopf. Das sind die Haare.

Schreibe die richtige Zahl zu den Sätzen.

Hundertzwei Gespensterchen

von James Krüss

Hundertzwei Gespensterchen
saßen irgendwo
hinter meinem Fensterchen.
Da erschrak ich so.

Hundertzwei Gespensterchen
waren sehr vertrackt;
an meinem Kammerfensterchen
klopften sie im Takt.

Hundertzwei Gespensterchen
haben mich erschreckt.
Weit entfernt vom Fensterchen
hab ich mich versteckt.

Lies genau.

Hundertzwei Gespensterchen
waren plötzlich fort.
Schlich mich schnell
zum Fensterchen.
Fand sie nicht mehr dort.

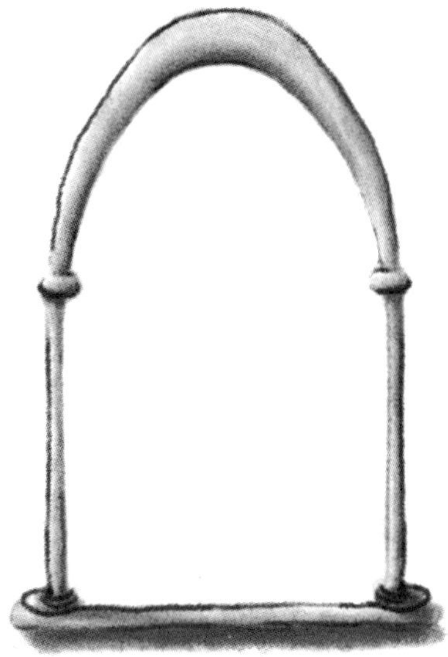

Hundertzwei Gespensterchen,
denkt euch, wie famos,
waren an dem Fensterchen
Regentropfen bloß!

Wie viele Gespensterchen sind es?

☐ 201 ☐ 102 ☐ 120

Was sind die Gespensterchen am Ende?

☐ Regenwolken ☐ Regenfässer ☐ Regentropfen

Lies genau. Kreuze an und male dazu.

Reime entdecken

Schau die farbigen Bilder genau an. Sprich dazu.
Einige Wörter passen gut zusammen.
Sie reimen sich.

das Fenster	die Gespenster
der Mund	der
die Ziegen	die
der Wurm	der
das Brett	das
die Suppe	die

Suche die Reimwörter. Schreibe sie auf.

Gespenster-Zwillinge

Male immer zwei gleiche Gespenster an.

Gespenster-Puzzle

Welche Teile passen?

Trage die richtige Zahl ein.

Das Geisternachtspiel

Nicolas sitzt in der Mitte.

Er kann nichts ________________.

Lis steht auf. Sie will zu Nicolas ________________.

Nicolas muss schnell
„Geist verschwinde“ ________________.

Lis schafft es. Sie kann Nicolas ________________.

schleichen rufen
berühren sehen

Lies und überlege. Welches Wort passt?

Ein Rätsel

Das kleinste Gespenst heißt Wohi.
Die Spinne von Spuki heißt Pfui.
Das Gespenst über Spuki heißt Huju.
Die Maus von Huju heißt Fips.
Die Schlange von Wohi heißt Zisch.
Das Gespenst neben Pfui heißt Spuki.

Lies das Rätsel.

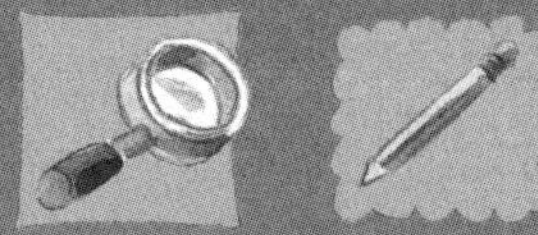

Wie heißen die Gespenster und ihre Tiere?

Schreibe die Namen zu den Bildern.

Wem gehört welches Tier? Verbinde.

In der Gespenster-Bücherei

Zu welchen Büchern gehören die Gespenster?

Verbinde.

Das Schlossgespenst

Das ist die Autorin.

Das ist der Titel.

Das ist der Rückentext.

Das ist der Verlag.

Rückentext: Ein seltsames Schlossgespenst schreibt ein Plakat: „Schlossbewohner dringend gesucht!" Der Maler Balduin, seine Prinzessin und Wuff ziehen ein. Bevor die vier aber Freunde werden, gibt es noch viele Überraschungen.

Lies den Rückentext genau. Beantworte die Fragen.

Was schreibt das Schlossgespenst?

Wer zieht bei dem Schlossgespenst ein?

Im Schloss

Das kleine Gespenst
wohnte ganz allein
in dem großen Schloss.

Manchmal jammerte
das kleine Gespenst:
„Mir ist so fad*!“

Warum jammert das kleine Schlossgespenst?

Schreibe auf.

*fad = langweilig

So ist das kleine Schlossgespenst

es

es

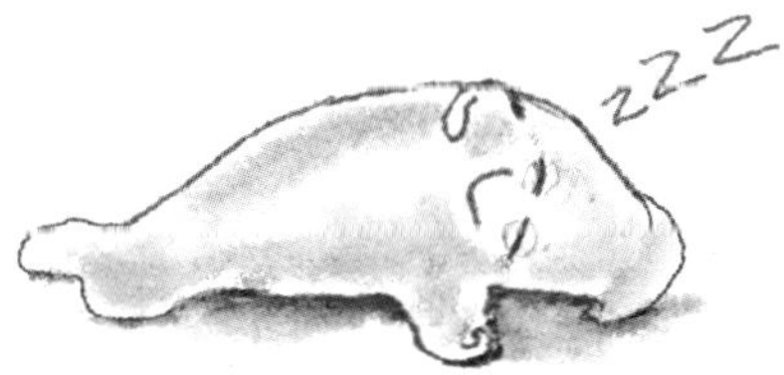

es

es

weinen

schlafen

schimpfen

stampfen

Schau genau. Schreibe richtig auf.

Das Schlossgespenst und ich

So sieht das Schlossgespenst aus:

- [ ] Es ist groß.
- [ ] Es ist klein.

Hier wohnt das Schlossgespenst: ____________________

Es jammert, wenn ______________________________________

____

Wenn es Langeweile hat, dann________________________

____

Schreibe und male.

So sehe ich aus:

☐ Ich bin groß.

☐ Ich bin klein.

Hier wohne ich. ______________________________

Ich jammere, wenn ___________________________

____

Wenn ich Langeweile habe, dann _______________

____

Schreibe und male.

Schlossbewohner gesucht

Hinter dem Lenkrad saß ein Mann.

Er hieß Balduin.

Auf dem Rücksitz saßen

eine Katze  und ein Hund  .

Die Katze  hieß Prinzessin.

Der Hund  hieß Wuff.

Das Auto  hieß Kükika.

Was sieht das kleine Gespenst?

Wer ist das?

Wie heißt der Fahrer?

Balduin

Bolduan

Balduan

Wie heißt die Katze?

Prinzessin

Königin

Prinzess

Wie heißt der Hund?

Knuff

Buff

Wuff

Wie heißt das Auto?

Kükika

Kükuka

Kakikü

Schreibe die Namen auf.

Wir wollen in deinem Schloss wohnen

Sprich laut, was du siehst.

Notiere den ersten Laut.

Schreibe den Lösungssatz auf.

Lustig ist das Spiralenmalen

Balduin ist ein Spiralenmaler.
Er bringt Farben und Pinsel mit.
Er malt überall Spiralen.
Dem kleinen Gespenst gefällt das.
Es will auch malen.
Um Mitternacht
taucht es den Pinsel in die Farbe.

Male Streifen. Male Kringel. Male Spiralen. Male Kreise.

Male die passenden Muster.

Kreise, Kringel und Spiralen

☐ Kreise ☐ Spiralen ☐ Kringel

Wie viele Kreise, Spiralen und Kringel sind es?

Male die Spiralen ROT.

Ein Erzählbild

Was geht hier vor? Erzähle.

Wo?

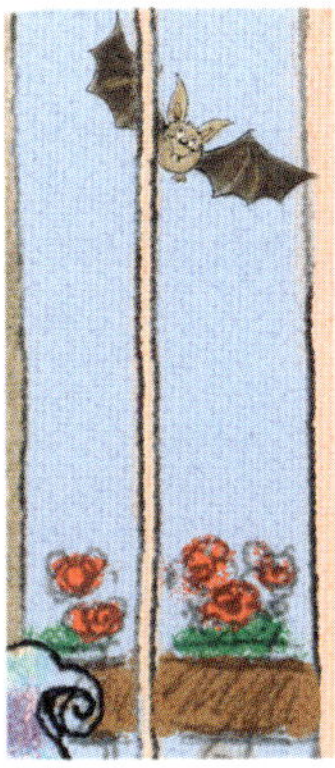

Das Gespenst tanzt [im / am] Farbtopf.

Die Fledermaus fliegt [über / unter] dem Balkon.

Balduin und Wuff stehen [hinter / neben] der Tür.

Die Bilder hängen [vor / an] der Leine.

Schau und lies genau.

Male an.

Ein tierischer Chor

Im Schlosspark unten
war Lärm zu hören.
Jemand schrie: „Ii-aaa!“
Jemand blökte.
Jemand grunzte.
Jemand meckerte.
Einige piepsten.
Andere schnatterten.
Wieder andere gackerten.

Welche Tiere sind zu hören?
Kreuze an.

Bunte Tiere

Meine Freunde
und ich wollen
angemalt werden!

Wer kann schnattern?	die				1			
Wer kann wiehern?	das	2			4			
Wer kann meckern?	die		3					
Wer kann blöken?	das				5			
Wer kann zwitschern?	der					6		
Wer kann grunzen?	das					7		
Wer kann bellen?	der			8				

Womit wollen die Tiere angemalt werden?

Lösungswort:								
	1	2	3	4	5	6	7	8

Male die Tiere an.

Das Lied vom Spiralenmalen

Lustig ist das Spiralenmalen,
laria-faria-ho.
An den Wänden,
den weißen kahlen,
laria-faria-ho.
Lustig, wenn man
den Pinsel führt,
lustig, wenn man
im Farbtopf rührt,
laria-faria, laria-faria,
laria-faria-ho.

Was ist lustig? Schreibe auf.

Lustig ist das Sechsenhexen,
laria-faria-ho.
Alles mit Ringeln
und Kringeln beklecksen,
laria-faria-ho.
Alles, was weiß ist,
mit Farbe beschmiern,
auch noch das Hemd
und die Katze verziern,
laria-faria, laria-faria,
laria-faria-ho.

Was wird auch noch verziert? Schreibe auf.

Gespenster-Echo

Da, eine Flasche!	Wo ist eine Tasche?
Da liegt ein Buch!	Wie bitte? Ein ___________?
Siehst du den Fisch?	Nein, einen _____________.
Und den Turm?	Nur einen _______________.
Ist das ein Schuh?	Das ist doch eine ________.
So viele Herzen!	Und so viele ____________.

Finde die Reimwörter. Die Bilder helfen dir.

Teekesselchen*

Welche Dinge haben denselben Namen?

Trage ihn ein und verbinde.

* Teekesselchen ist ein Spiel, bei dem es um verschiedene Dinge geht, die denselben Namen haben.

Gespensterschule

Das will ich lernen:	Kann ich das lernen? ☺ 😐 ☹
durch eine Mauer gehen Das ist passiert: ☐	
mich unsichtbar machen Das ist passiert: ☐	
Geheimschrift schreiben Das ist passiert: ☐	

1 Ich habe mir den Kopf gestoßen.

2 Keiner konnte meine Schrift lesen.

3 Alle haben mich erkannt.

Was passt? Trage ein. Male ☺ 😐 ☹ dazu.

Meine Schule

Das kann ich gut:

Das möchte ich noch lernen:

Das mache ich am liebsten in der Schule:

Schreibe auf.

Mut tut gut
In der Schule und im Märchenland

Hallo!

Mit diesem Buch
lernst du noch besser lesen.
Die kleinen Bilder auf jeder Seite
sagen dir, was du tun sollst.

 schreiben

 malen

 basteln

 genau hinsehen

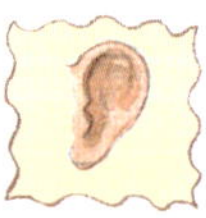 genau hinhören

 laut sprechen

 selber lesen

 vorlesen lassen

Das bin ich,
das kann ich gut.

Das Märchen vom tapferen Schneiderlein

Brüder Grimm

Es war einmal ein kleiner Mann.
Von Beruf war er ein Schneider.
Er war mutig.
Und tapfer.
Und er hatte immer eine gute Idee,
wenn er Angst hatte.

Mein Traumberuf

So möchte ich einmal sein:

Male und schreibe.

Eines Tages ärgerte er sich sehr.
Sieben Fliegen brummten um ihn herum.

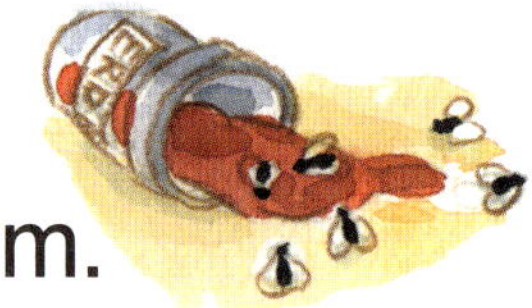

Dann saßen sie auf seiner Marmelade.
Er schlug sie!
Mit einem Schlag!
Und danach glaubte er:

Das kann ich noch nicht so gut:

Male und schreibe.

Das wollte er allen Leuten sagen.

Und mutig machte er sich auf den Weg.

Er nahm mit: ein Stück Käse 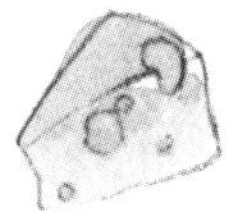
und einen kleinen Vogel. 

Er wanderte durch ein Tal
und kam an einen Berg.

DA, EIN **RIESE!**

Ich habe Angst – ja oder nein?

☐ ja ☐ nein

☐ ja ☐ nein

☐ ja ☐ nein

☐ ja ☐ nein

Kreuze an.

Male selbst ein Bild.

Auch der Riese wollte seine Kraft zeigen.
Er zerdrückte einen Stein!
Und er stellte dem tapferen Schneiderlein
eine Aufgabe.

„Das kann ich auch“, sagte das Schneiderlein.
Und er machte es dem Riesen nach.
Aber er war klug!
Denn in seiner Hand war kein Stein,
sondern ein  .

So stark bin ich

Das alles kann ich drücken:

☐ ja ☐ nein

☐ ja ☐ nein

☐ ja ☐ nein

☐ ja ☐ nein

Kreuze an.

Male selbst ein Bild.

Der Riese staunte.

Noch einmal stellte er eine Aufgabe:

Schneiderlein hatte wieder eine gute Idee.

Er warf den kleinen Vogel
hoch in die Luft!

Das kann ich schon

Werfen ☐ ja ☐ nein

Springen ☐ ja ☐ nein

Klettern ☐ ja ☐ nein

Schwimmen ☐ ja ☐ nein

Fahrrad fahren ☐ ja ☐ nein

Kreuze an.

Der Riese staunte wieder sehr.

Tapfer wanderte das Schneiderlein weiter.
Es löste viele Aufgaben.
Alle Leute glaubten an seinen Mut,
wenn sie seinen Gürtel sahen:

Mein Freund und ich
Meine Freundin und ich

Schreibe auf.

Und dann
durfte er die schöne Prinzessin
zur Frau nehmen.

Sie feierten ein großes Hochzeitsfest.
Und wenn sie nicht gestorben sind, dann . . .

le

Das möchte ich mit meinen Freunden zusammen tun: Wir

Märchen malen

Zeichne das Märchen
vom tapferen Schneiderlein.

1. Das Schneiderlein näht.

2. Die Fliegen ärgern ihn.

3. Er schlägt sieben Fliegen
und näht auf seinen Gürtel:

Wörter lesen

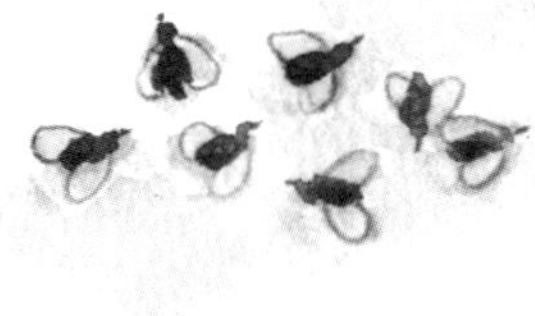

die Nadel

der Schneider

sieben Fliegen

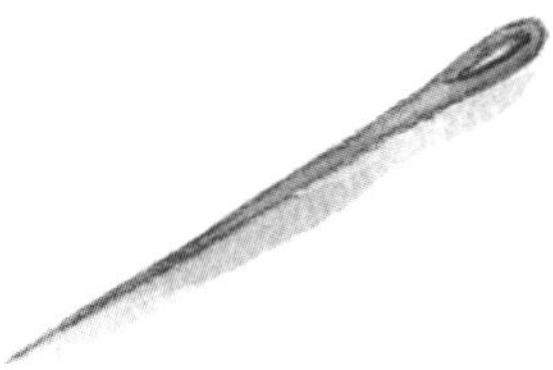

das Garn

die Marmelade

der Gürtel

Verbinde die Paare.

Wörter schreiben

 eine Fliege

 zwei Fliegen

 drei

vier

fünf

sechs

Schreibe auf
und male Fliegen dazu.

Und so geht das Märchen weiter:

Allen Leuten will der Schneider erzählen,
wie mutig und stark er ist.
Er macht sich auf den Weg.
In seine Tasche packt er . . .

Er trifft einen Riesen.
Mutig löst er viele Aufgaben.

Glücklich heiratet er eine Prinzessin.

Das Märchen gefällt mir: ☺ ☐ 😐 ☐ ☹ ☐

Mein Lieblingsmärchen ist:

Wörter lesen

die Tasche

der Vogel

der Käse

der Riese

das Schloss

die Prinzessin

das Tal

Verbinde die Paare.

Wörter schreiben

SCH

die

der

Sprich laut, was du siehst.

Notiere den ersten Laut.

Schreibe das Lösungswort zweimal auf.

Riesen haben Namen

Welche Namen gefallen dir?

Male deinen Riesen:

Schneider haben Namen

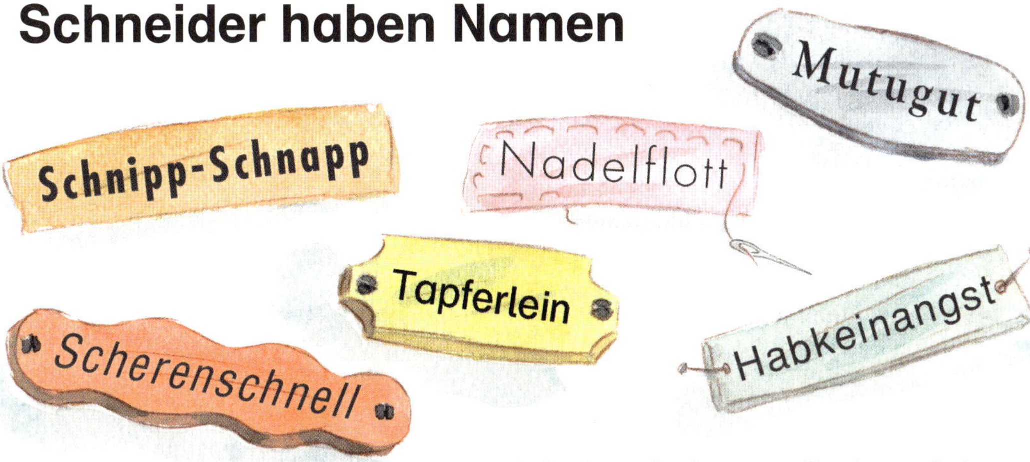

Welche Namen gefallen dir?

Male deinen Schneider:

Das hat der Riese

SEE

BERG

~~ZELT~~

BESEN

Sein Hut ist ein Zelt 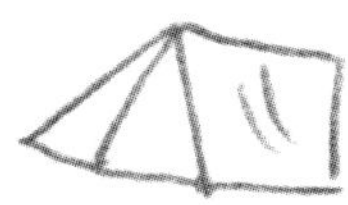

Sein Stuhl ist ein

Seine Badewanne ist ein

Seine Zahnbürste ist ein

Trage ein und male.

Das hat der Schneider

MÜTZE
STUHL
BADEWANNE
NADEL

Das ist seine ________. 

Das ist sein ________.

Das ist seine ________.

Das ist seine ________.

Trage ein und male.

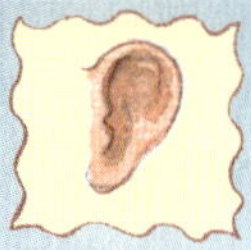

P wie Prinzessin

X		

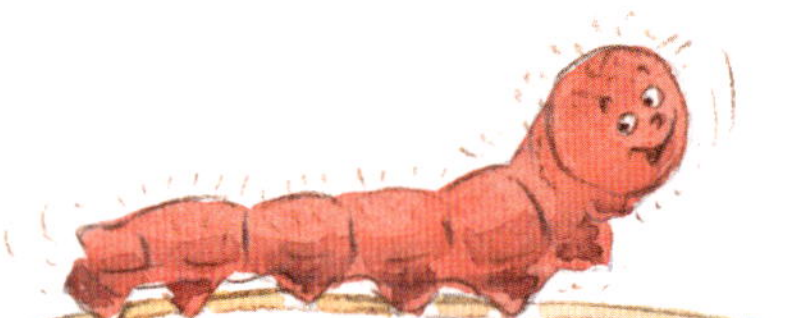

Sprich laut, was du siehst.

Wo hörst du „P/p“?

Am Anfang, in der Mitte oder am Ende?

Kreuze an.

Das Schneiderlein

Das Schneiderlein hat eine Mütze auf dem Kopf.
In seiner Hand sitzt ein Vogel.
An den Knien hat er Flicken.

Lies genau.
Male dazu, was fehlt.

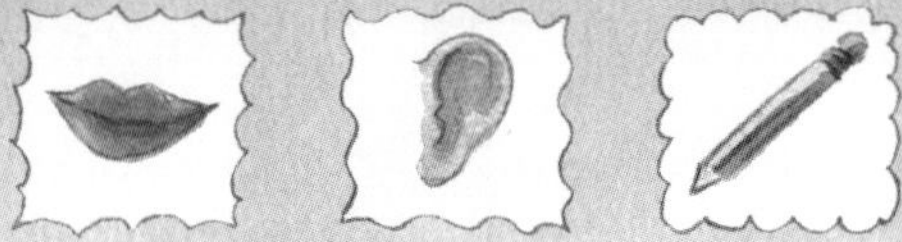

SCH wie Schneiderlein

	X	

Sprich laut, was du siehst.

Wo hörst du „SCH/sch“?

Am Anfang, in der Mitte oder am Ende?

Kreuze an.

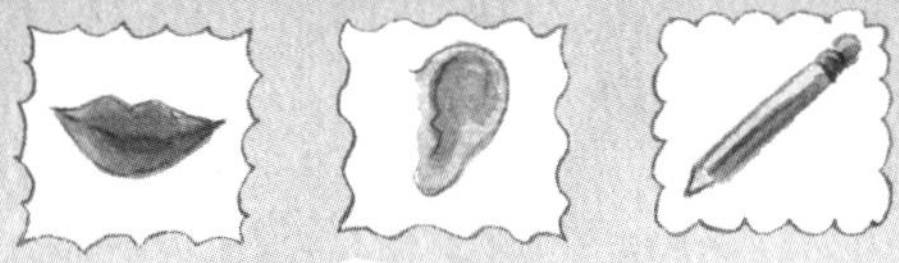

Wörter mit SCH

Schneiderleins scharfe Scheren
schneiden schnell.
Schnell schneiden
Schneiderleins scharfe Scheren.

Umkreise immer „Sch/sch“.

Schreibe den Zungenbrecher selbst auf.

Wen trifft das Schneiderlein?

Das Schneiderlein trifft ____________________ .

Verbinde die Punkte von 1 bis 20.

Wo sitzt die Prinzessin?

Die Prinzessin sitzt auf ______________ .

Verbinde die Buchstaben von A bis Z.

Was stimmt?

Der Schneider erschlägt sieben Fliegen / ~~Fische~~.

Der Schneider glaubt: Ich bin schwach / Ich bin stark.

Der Schneider trifft einen Zwerg / Riesen.

Der Riese kann einen Stein / ein Schwein zerdrücken.

Der Schneider verflucht / heiratet die Prinzessin.

Lies, und streiche die falschen Wörter durch.

Wo: vor – über – auf – hinter?

Der Riese sitzt ______ dem Berg.

Eine Brücke führt ______ den Fluss.

Die Fahne steht ______ dem Schloss.

Der Berg liegt ______ dem Schloss.

Was ist richtig? Schreibe.

Manchmal geht es den Tieren so:

Ein Igel rollt sich zusammen.

Dann hat er Angst.

Eine Katze macht einen Buckel.

Dann

Ein Pferd legt die Ohren an.

Dann

Schreibe weiter.

Manchmal geht es mir so:

Ich bin mal so:

Ich bin mal so:

Ich bin mal so:

Ich bin mal so:

Und heute bin ich so:

Male oder schreibe.

Vorsichtig sein!

Ein Krebs versteckt sich
in einer Muschel.
Da ist er sicher.

Der Igel versteckt sich im Laub.
Da kann er sicher schlafen.

Male dazu, was fehlt.

Vorsichtig sein!

Ich schwimme so:

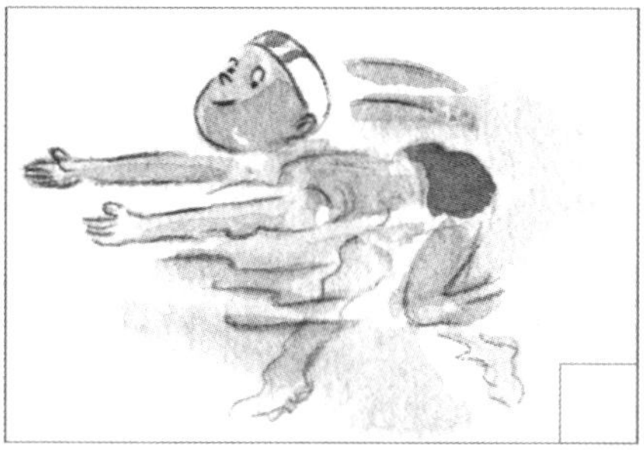

Ich fahre so Fahrrad:

Ich fahre so mit meinen Inlinern:

Kreuze an, was für dich passt.

Lachen oder weinen? ☺ oder ☹?

Am ersten Schultag [lache | weine] ich.

Am Geburtstag [lache | weine] ich.

Wenn ich schlafen gehe, [lache | weine] ich.

Wenn ich allein bin, [lache | weine] ich.

Wenn es dunkel ist, [lache | weine] ich.

Was passt für dich? Male das Wort an.

Bin ich mutig? Bin ich tapfer?

		Ja	Nein
Ich untersuche einen Regenwurm.		☐	☐
Ich gehe allein in den Keller.		☐	☐
Ich fahre in der Geisterbahn.		☐	☐
Ich fahre allein mit dem Bus.		☐	☐
Ich klettere auf einen Baum.		☐	☐
Ich bin beim Zahnarzt.	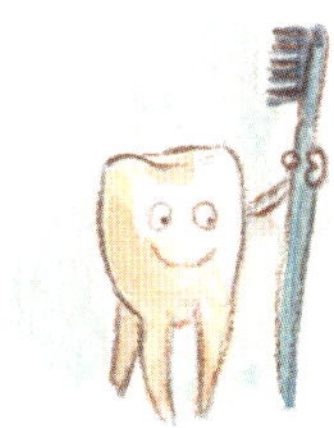	☐	☐

Was machst du? Kreuze an.

Auf dem Schulhof

Verbinde jedes Wort mit dem Bild.

Wie ist das?

- ☐ mutig
- ☐ gefährlich
- ☐ verboten

- ☐ mutig
- ☐ gefährlich
- ☐ verboten

- ☐ mutig
- ☐ gefährlich
- ☐ verboten

Kreuze an.

Nach der Schule

Verbinde jedes Wort mit dem Bild.

Wie ist das?

- [ ] mutig
- [ ] gefährlich
- [ ] verboten

- [ ] mutig
- [ ] gefährlich
- [ ] verboten

- [ ] mutig
- [ ] gefährlich
- [ ] verboten

Kreuze an.

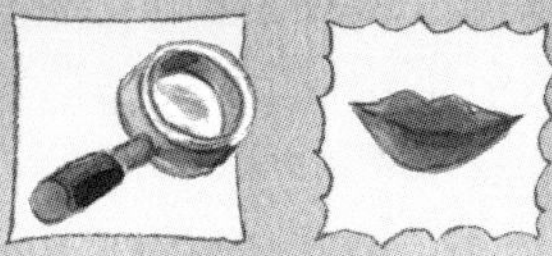

Trau dich!

1

2

3

Da, zwei große Jungen
warten auf Max.
Sie sprechen ihn an.

Die Schule ist aus.
Max geht alleine nach Hause.
Er ist fröhlich.

Anna schaut zu Max.
Sie sieht die beiden großen.
Was wird sie tun?

Lies und überlege:
Welches Bild passt dazu?
Schreibe die richtige Nummer ins Kästchen.

Trau dich!

Wie geht die Geschichte weiter?

Male oder schreibe selbst.

Davor habe ich Angst

Schreibe und male.

Dafür brauche ich Mut

Schreibe und male.

Ein Gedicht

Angst geh weg!

Ich kenne einen tollen Spruch.
Den sag ich immer dann,
wenn ich mal richtig ängstlich bin.
Hör dir den Spruch mal an:

Lies das Gedicht.

Sage den Spruch mehrmals auf.

Wann könntest du

diesen Spruch selbst brauchen?

Male dazu, oder schreibe auf.

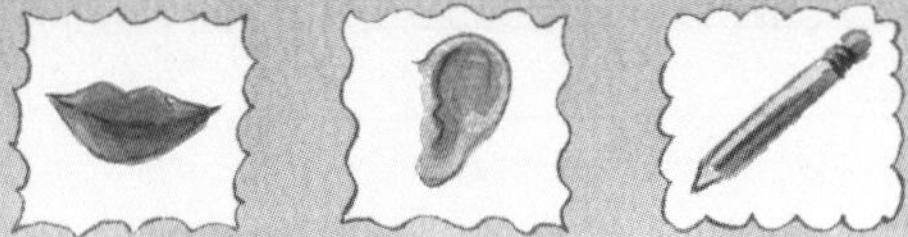

Mutsprüche

!

, !

!

Mein Mutspruch:

Sprich zu jedem Bild laut.

Welchen Laut hörst du am Anfang?

Trage die Buchstaben ein.

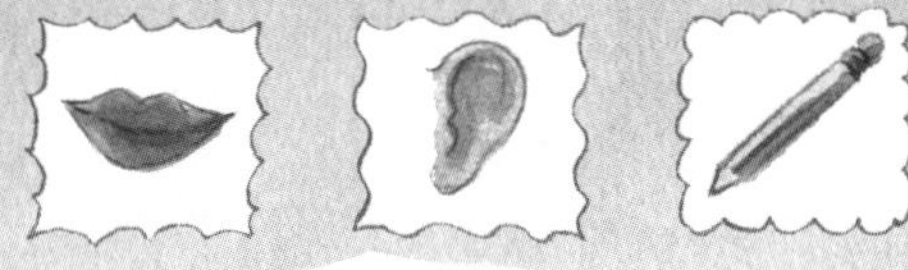

Sprüche zum Trösten

W !

!

Mein Spruch zum Trösten:

Sprich zu jedem Bild laut.

Welchen Laut hörst du am Anfang?

Trage die Buchstaben ein.

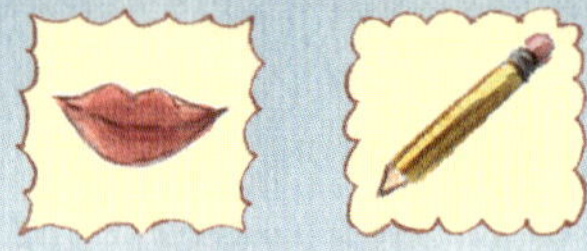

Wörterrätsel

Trage ein, was du siehst.

Versteckte Wörter

R	L	O	T	A	S	C	H	I	T	I	E
G	O	S	C	H	L	O	S	S	L	A	R
T	U	B	O	R	G	A	L	R	I	S	A
A	S	C	H	N	E	I	D	E	R	I	W
B	E	L	R	I	B	P	I	E	S	O	S
W	O	M	E	S	S	N	T	A	L	K	I
A	R	I	E	S	E	L	F	E	I	R	H
T	U	M	S	E	I	A	B	E	R	G	O

Finde die Wörter zu den Bildern.

Umkreise sie.

Lösungen

Seite 5:

Seite 8/9:

Seite 10:

Seite 12:

Seite 14:

Seite 16:

- [ ] Es ist ein Schlossgespenst.
- [x] Es ist ein Waldgeist.

Seite 17:

In der Flasche lebt der Flaschengeist.

In der Schule lebt das Schulgespenst.

Im Haus lebt der Hausgeist.

Im Schloss lebt das Schlossgespenst.

Seite 18:

Seite 19:

Diese Buchstabenschatten entstehen: H, O, F, T

Seite 20:

Seite 22/23:

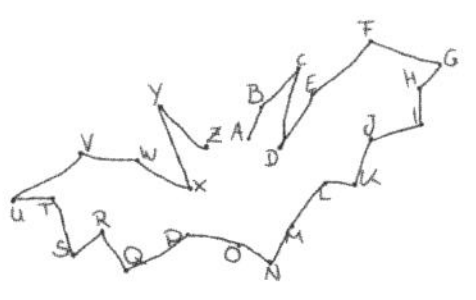

Das Gespenst sieht aus wie eine Fledermaus.

Seite 24:

Watte, Stoff, Faden, Stift,

Wolle, Nadel, Klebstift,

Stock

Seite 25:

Die richtige Reihenfolge ist:

3, 2, 1, 5, 4

Seite 27:

Wie viele Gespensterchen sind es?

☐ 201 ☒ 102 ☐ 120

Was sind die Gespensterchen am Ende?

☐ Regenwolken ☐ Regenfässer ☒ Regentropfen

Seite 29:

das Fenster	die Gespenster
der Mund	der Hund
die Ziegen	die Fliegen
der Wurm	der Turm
das Brett	das Bett
die Suppe	die Puppe

Seite 30/31:

Seite 32/33:

Nicolas sitzt in der Mitte.
Er kann nichts sehen.

Lis steht auf. Sie will zu Nicolas schleichen.

Nicolas muss schnell
„Geist verschwinde“ rufen.

Lis schafft es. Sie kann Nicolas berühren.

Seite 35:

Seite 36:

Seite 38/39:

Warum jammert das kleine Schlossgespenst?

Es jammert, weil es allein ist.

Seite 43:

Folgende Namen sind richtig:

Balduin, Prinzessin, Wuff, Kükika

Seite 44/45:

Seite 46/47:

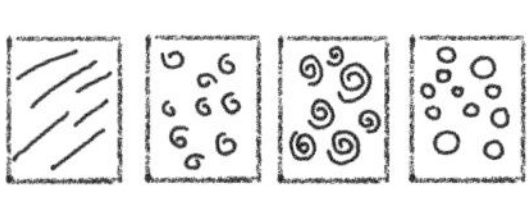

15 Kreise

13 Spiralen

15 Kringel

Seite 49:

Das Gespenst tanzt im / am Farbtopf.

Die Fledermaus fliegt über / unter dem Balkon.

Balduin und Wuff stehen hinter / neben der Tür.

Die Bilder hängen vor / an der Leine.

Seite 50/51:

die GANS

das PFERD

die ZIEGE

das SCHAF

der VOGEL

das SCHWEIN

der HUND

S P I R A L E N

1 2 3 4 5 6 7 8

Seite 52/53:

Lustig ist das Spiralenmalen,
wenn man den Pinsel führt
und im Farbtopf rührt.

Das Hemd und die Katze
werden auch noch verziert.

Seite 54/55:

Da, eine Flasche!	Wo ist eine Tasche?
Da liegt ein Buch!	Wie bitte? Ein Tuch ?
Siehst du den Fisch?	Nein, einen Tisch .
Und den Turm?	Nur einen Wurm .
Ist das ein Schuh?	Das ist doch eine Kuh .
So viele Herzen!	Und so viele Kerzen .

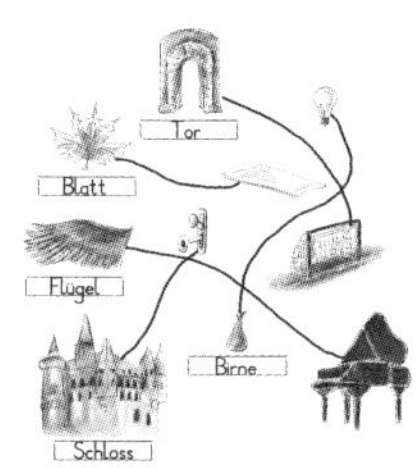

Seite 56:

Seite 78:

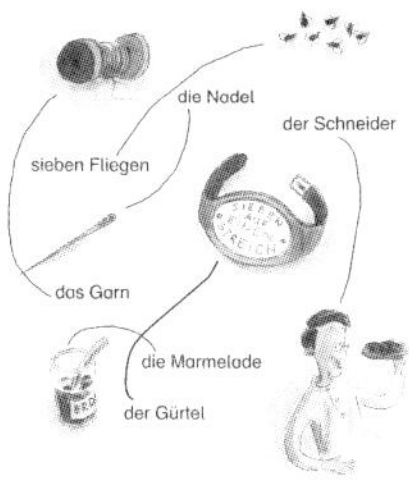

Seite 82:

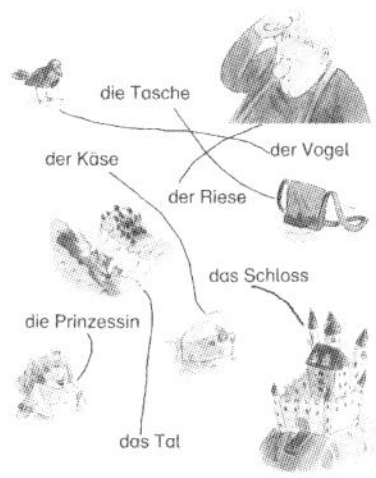

Seite 83:

die Schere/der Riese

Seite 86:

Berg/See/Besen

Seite 87:

Mütze/Stuhl/Badewanne/
Nadel

Seite 88:

Seite 89:

Seite 90:

Seite 91:

Schneiderleins scharfe Scheren
schneiden schnell.
Schnell schneiden
Schneiderleins scharfe Scheren.

Seite 92:

Das Schneiderlein trifft den
Riesen.

Seite 93:

Die Prinzessin sitzt auf ei-
nem Drachen.

Seite 94:

Fliegen | Ich bin stark

Riesen | einen Stein

heiratet

Seite 95:

auf/über/vor/hinter

Seite 98:

Seite 102:

Seite 104:

Seite 107:

2

1

3

Seite 114:

MUT TUT GUT!

KLEIN, ABER OHO!

BU BIST GUT!

Seite 115:

WIR SIND FREUNDE!

ZUSAMMEN SIND WIR STARK!

Seite 116:

Seite 117:

R	L	O	T	A	S	C	H	I	T	I	E
G	O	S	C	H	L	O	S	S	L	A	R
T	U	B	O	R	G	A	L	R	I	S	A
A	S	C	H	N	E	I	D	E	R	I	W
B	E	L	R	I	B	P	I	E	S	O	S
W	O	M	E	S	S	N	T	A	L	K	I
A	R	I	E	S	E	L	F	E	I	R	H
T	U	M	S	E	I	A	B	E	R	G	O

Liebe Eltern,

hier sehen Sie, welche wichtigen Grundlagen für das Lesen und das Schreiben Ihres Kindes auf welcher Seite dieses Buches übt:

Text- und Bildquellen:

S. 26/27: James Krüss, Der wohltemperierte Leierkasten
© 1989 cbj Verlag, München, in der Verlagsgruppe Random House GmbH

S. 37: Buchcover „Das Schlossgespenst"
© Arena Verlag GmbH, Würzburg, 31. Auflage 2009

S. 50, S. 52/53: Mira Lobe, Das Schlossgespenst
© Arena Verlag GmbH, Würzburg, 31. Auflage 2009

S. 112: KNISTER, Angst geh weg!
© beim Autor

FSC www.fsc.org
MIX
Papier aus verantwortungsvollen Quellen
FSC® C110508

1. Auflage 2012
© Arena Verlag GmbH, Würzburg 2012
Alle Rechte vorbehalten
Text und Konzept: Barbara Sengelhoff
Illustrationen: Kathrin Treuber und Astrid Henn
Gesamtherstellung: Westermann Druck Zwickau GmbH
ISBN 978-3-401-41564-2

www.arena-verlag.de

Lernabenteuer Deutsch

978-3-401-41570-3
Zu Besuch auf dem Zauberschloss

978-3-401-41527-7
Im Buchstabenland

978-3-401-41571-0
Auf der Abenteuerinsel

978-3-401-41528-4
Auf der Ritterburg

Arena

Jeder Heft:
32 Seiten
www.arena-verlag.de

Wörterbuch für Grundschulkinder

Dieses Wörterbuch für Grundschulkinder mit über 7000 Stichwörtern von Aal bis Zylinder gehört in jedes Kinderzimmer. Die übersichtliche Gestaltung erleichtert das Nachschlagen und fördert das selbständige Lernen. Mit dem ersten Englisch-Grundwortschatz im Anhang können Englisch-Anfänger ihren Wortschatz überprüfen und erweitern. Orientiert an den Grundschullehrplänen sind die Vokabeln thematisch sortiert und durch Bilder ergänzt.

Arena

144 Seiten • Broschur
Mit farbigen Illustrationen
ISBN 978-3-401-41535-2
www.arena-verlag.de

Helen Seeberg

Mein großes Buch der Schwungübungen
Buchstaben und Zahlen

Schreiben will gelernt sein und mit diesem Buch üben Vorschulkinder und Schulanfänger die Buchstaben von A bis Z und die Zahlen von 1 bis 10. Jeder Buchstabe wird einmal groß nachgespurt und dann in kleineren Linien geübt. Lustige Zeichnungen helfen dabei, sich die Abläufe genau zu merken.

Arena
64 Seiten • Broschiert
Mit Illustrationen
ISBN 978-3-401-41562-8
www.arena-verlag.de

Lernabenteuer Kartenspiele 1. Klasse

ISBN 978-3-401-41542-0

ISBN 978-3-401-41539-0

Ach, du grüne Neune!

60 Zahlenkarten mit den Zahlen von 1 bis 12, Würfel- und Mengenbilder machen das Zahlenlernen zum Vergnügen. Der Zahlenrahmen auf jeder Karte hilft dabei, die Zahlen richtig einzuordnen. Welche Zahl passt in die Zahlenreihe? Welches Mengenbild passt zur 5? Und wer zieht die 9 beim lustigen Aktionsspiel „Ach, du grüne Neune?“. In dem beiliegenden Heft finden sich viele pädagogisch sinnvolle Spielvarianten.

ABC, Der Tiger trinkt gern Tee

60 Buchstabenkarten mit Großbuchstaben und lustigen Anlautbildern von Affe bis Zwerg machen das Buchstabenlernen zum Vergnügen. Der ABC-Rahmen auf jeder Karte hilft dabei, die Buchstaben richtig einzuordnen. Wer kann seinen Namen legen? Was reimt sich auf Schaum? Und wo hörst du M? In dem beiliegenden Heft finden sich viele pädagogisch sinnvolle Spielvarianten.

Arena

Jedes Set:
60 Spielkarten mit Beilageheft in Box
www.arena-verlag.de